petits papiers collés

Nathalie Delhaye
Stéphanie Huré

petits papiers collés

Photographies de Charlotte Lascève

Marabout d'ficelle

Nathalie Delhaye est graphiste et créatrice d'objets.
Elle aime qu'ils s'imprègnent de la vie et la rendent
plus croustillante. À l'école des arts appliqués Estienne, elle a glané
des lettres, des formes et des couleurs pour apprendre la communication visuelle.
À l'école Auguste-Renoir, la magie de la typographie et de l'espace
l'a envoutée. Son univers graphique et poétique s'applique à de l'identité visuelle
pour enfants et à des objets d'édition en papier.
Dans cet ouvrage, le papier devient un vêtement.
Il habille, camoufle et déguise tout, ou presque tout…
Elle est également l'auteur, chez Marabout, de « Des perles et des bijoux »
et « Guirlandes de lumière ».

Formée aux arts plastiques et au dessin textile, Stéphanie Huré créé aujourd'hui
des motifs pour du linge de maison. Elle est également styliste et réalise des
panneaux décoratifs.
Elle aime l'univers du motif et des imprimés, essentiel à son travail : il est pour
elle tantôt une ponctuation subtile de la couleur, tantôt une vibration intense. Elle
le dessine, mais aussi le récupère en chemin pour le mélanger,
le détourner ou l'appliquer.
Le papier est ici son heureux support. Populaire et malléable,
il personnalise et donne le ton instantanément. Il fait de l'objet le plus simple un
élément comme sortie d'une histoire racontée ou revenu d'un voyage lointain…

les astuces des serviettes en papier

La serviette en papier est un moyen facile et accessible pour décorer ses objets. Toutefois, elle nécessite certaines mises en garde:

Les serviettes en papier sont formées de trois épaisseurs. Il faut systématiquement les « détripler » avant de les appliquer pour ne conserver que la partie imprimée.

Préférez les objets blancs ou clairs qui respecteront mieux la couleur et le motif de la serviette ou du papier s'il est fin. Sinon, peignez préalablement l'objet avec de la peinture acrylique blanche.

En ce qui concerne le décor des objets de formes arrondies, choisissez les petites formes découpées afin d'éviter les plis.

Les vernis colles pour serviettes en papier sont sensiblement les mêmes et s'appliquent sur à peu près tous les supports.

Il existe cependant :
- Des médiums « spécial textile » permettant le lavage par la suite.
- Des médiums « spécial céramique » prévus pour une cuisson au four traditionnel (30 minutes à 170 °C) assurant une bonne tenue et permettant le lavage.
- Des médiums « spécial bougies » pour la sécurité.

Dans ces trois cas, bien respecter le temps de séchage nécessaire indiqué sur les notices.

Certains objets travaillés avec du papier peuvent rester bruts (sans couche finale de vernis colle), par choix esthétique. Il faut juste savoir qu'il en dépend de la résistance de l'objet à long terme et de son entretien.

papier sulfurisé
pinceau plat
pinceau fin à bout rond
vernis colle
vernis colle satiné
verni
vitrificateu
Artemio
250 ml
Satin
Découpage
e 50 ml
décopatch
180g
colle forte
Pattex
MULTI USAGES
SUPER PUISSANTE
pince plate
paire de ciseaux
brosse plate
brosse plate

le matériel

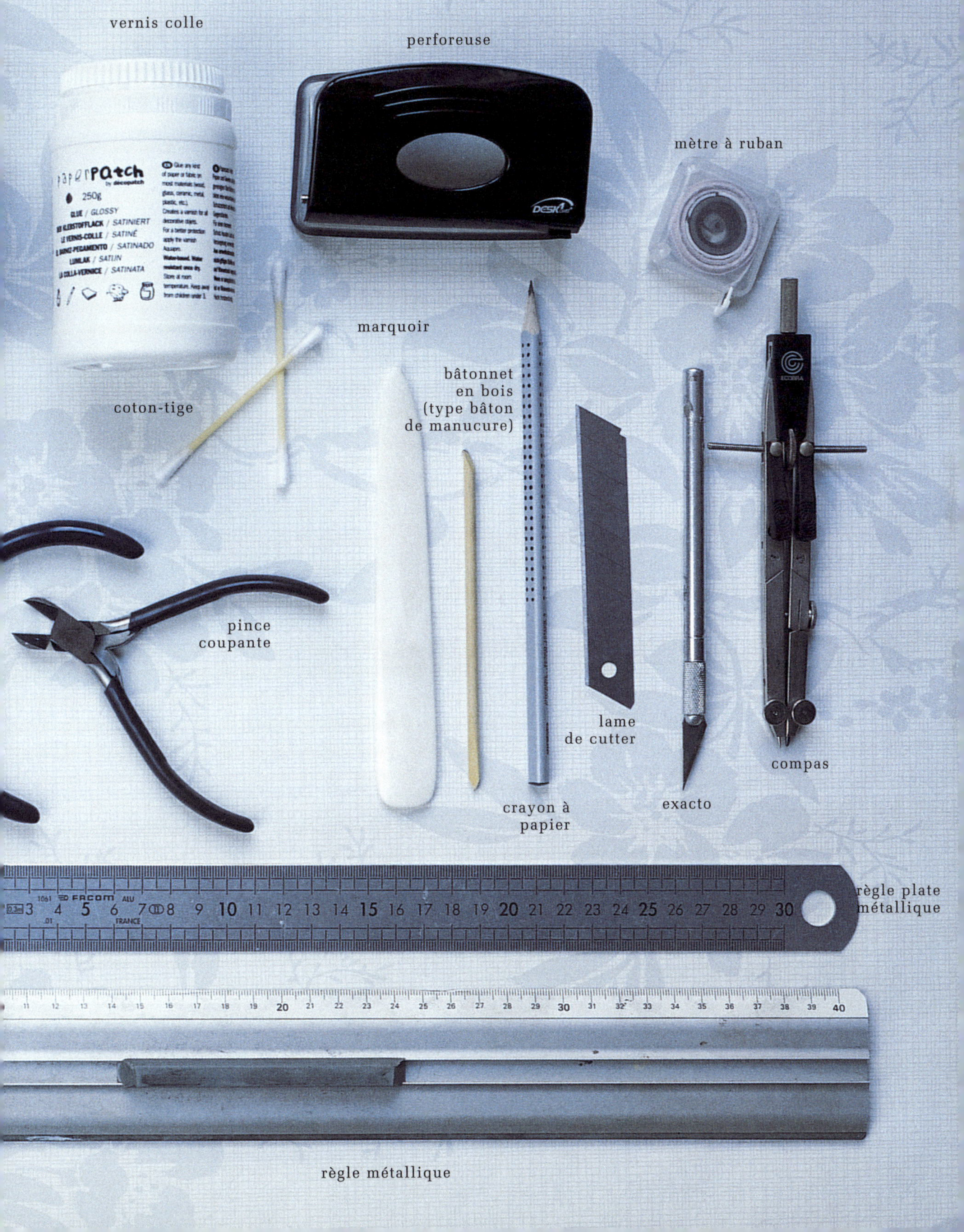
vernis colle
perforeuse
mètre à ruban
marquoir
bâtonnet en bois (type bâton de manucure)
coton-tige
pince coupante
lame de cutter
compas
crayon à papier
exacto
règle plate métallique
règle métallique

le photophore

matériel

1 verre épais basique forme gobelet pouvant supporter la chaleur
1 feuille de papier de soie blanche
1 motif sur un papier fin prédécoupé (acheté tout fait, découpé ou réalisé soi-même à l'aquarelle)
Paire de ciseaux fins
1 crayon à papier
1 mètre à ruban
Colle en bombe
1 brosse plate à poils souples
Vernis colle

1/ Mesurez le périmètre du verre.

2/ Couchez le verre sur la feuille de papier de soie et faites-le rouler doucement en marquant son parcours au crayon sur une longueur un peu plus grande que son périmètre. Vous obtenez ainsi le dessin d'une bande légèrement arrondie correspondant à la surface extérieure du verre. Découpez. Ajustez sa longueur en l'appliquant sur le verre et en coupant le surplus.

3/ Bombez à la colle une face de cette bande, appliquez-la tout autour du verre en lissant avec les doigts pour éviter les plis.

4/ Bombez maintenant l'envers du motif puis placez-le librement sur le verre. Laissez sécher.

5/ Appliquez enfin à l'aide d'un pinceau le vernis colle sur l'ensemble extérieur du verre. Laissez sécher.

les boîtes à chaussures

matériel

Boîte en carton
Acrylique bleu
Serviettes en papier à grosses fleurs multicolores
Serviettes en papier à pois dorés sur fond blanc
Papier origami
Papier de soie dorée
Gommettes
Perforeuse
Vernis colle
Cutter
Paire de ciseaux
Pinceau plat
Planche à découper

1/ Peignez la boîte à chaussures en bleu. Laissez sécher.

2/ Découpez et détriplez tous les motifs que vous trouverez sur les serviettes en papier (fleurs, feuilles, papillons, insectes,...).

3/ Découpez des ronds de différents diamètres et des rectangles dans le papier de soie. N'hésitez pas à vous servir d'une perforeuse pour ajourer ces formes.

4/ Amusez-vous à composer une petite histoire en enduisant de vernis colle ou non les gommettes, les ronds de soie, le papier origami, les grosses fleurs, les feuilles, etc.
L'important est de jouer sur les contrastes de couleurs et les proportions.

5/ Si vous le désirez, vous pouvez recouvrir l'ensemble de la boîte de deux couches de vernis colle pour unifier l'objet et le solidifier. L'objet deviendra brillant.

le pot de fleurs

matériel

Pot en terre cuite
Serviettes en papier prune à pois mauves
Papier sulfurisé
Vernis colle
Paire de ciseaux
Cutter
Pinceau plat
Vernis d'extérieur : aquaréthane ou polyréthane

1/ Passez deux couches de vernis à l'intérieur du pot en terre cuite pour prévenir de l'humidité. Afin de poursuivre ce projet dans de bonnes conditions, installez-vous sur du papier sulfurisé.

2/ Détriplez les serviettes avant de les appliquer directement sur l'extérieur de la surface, en lissant du milieu vers le bord. Recouvrez toute la surface du pot en superposant les couches. Laissez sécher.

3/ Après séchage complet, passez deux couches de vernis d'extérieur afin de protéger le pot du soleil et des intempéries.

Sans aucun vernis, ce pot devient un « cache-pot d'intérieur ».

le petit meuble à tiroirs

matériel

Plusieurs papiers imprimés de couleurs vives
1 mètre
Paire de ciseaux
Colle en bombe
1 large brosse à poils souples (accessoire)
Vernis colle (accessoire)

1/ Enlevez les tiroirs de leur structure.

2/ Mesurez chaque côté de la structure du meuble ainsi que le dessus.

3/ Tracez et découpez dans un même papier les trois parties correspondantes en comptant 2 cm de plus dans la largeur pour les retours.

4/ Bombez-les de colle sur l'envers puis appliquez-les en lissant bien à la main. Au moment de rabattre le surplus prévu, servez-vous des ciseaux pour faire une encoche permettant le retour entre les arêtes centrales.

5/ Découpez et collez aussi deux fines bandes pour recouvrir les arêtes.

6/ Prenez un tiroir et posez sa face sur l'envers d'un papier pour tracer la dimension exacte à découper. Renouvelez l'opération pour chaque tiroir en changeant de papier pour obtenir un effet patchwork. Découpez-les puis collez-les avec la colle en bombe.

7/ Replacez les tiroirs. Laissez l'ensemble mat ou appliquez au final une couche de vernis colle pour un fini satiné et une plus grande résistance.

la table et la chaise

matériel

Papier noir et blanc graphique style papier journal ou papier chinois
Papiers origami de couleurs vives
Peinture acrylique blanche
1 règle
1 compas
Paire de ciseaux
1 large brosse à poils souples
Colle forte en bombe
Vernis colle

1/ Si leur couleur initiale est sombre, peignez à l'acrylique blanche le plateau de la table ainsi que l'assise et le dossier de la chaise (recto verso). Laissez sécher.

2/ Mesurez chacune de ces parties et découpez dans le papier noir et blanc la forme correspondante en y ajoutant 2 cm de chaque côté pour les retours. Prévoyez une forme plus petite pour le verso du dossier que vous couperez en trois afin d'éviter les barreaux de la chaise.

3/ Bombez de colle les envers des papiers découpés puis appliquez-les sur leur support en lissant bien avec la main.

4/ Tracez au compas plusieurs ronds dans les papiers origami, découpez-les puis collez-les à la bombe un peu partout de manière irrégulière.

5/ Recouvrez généreusement l'ensemble d'une couche de vernis colle. Laissez sécher.

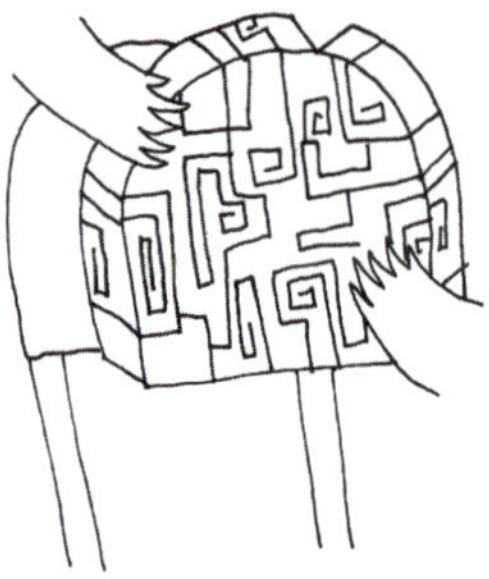

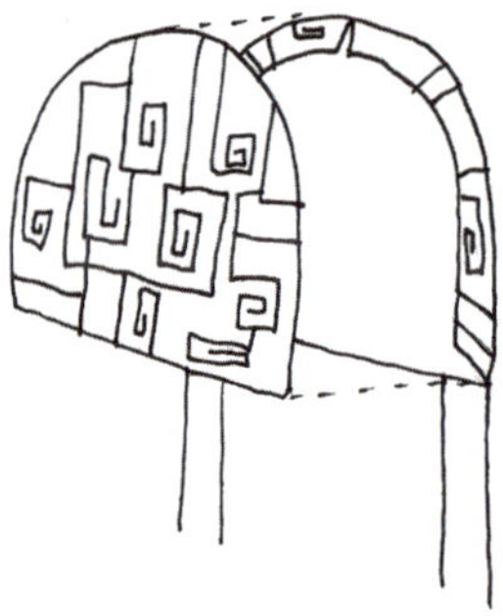

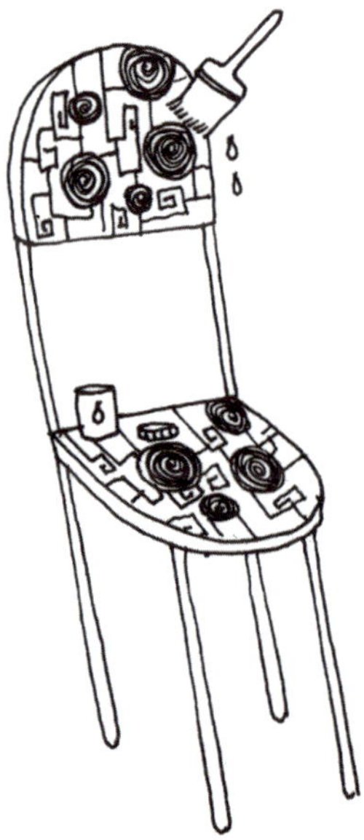

les fournitures de bureau

matériel

Boîte plate en métal
Pot en verre
Carnets basiques
Serviettes en papier multicolore « bayadère »
Serviettes en papier rose et rouge «poupées russes »
Papier de soie rose fuchsia
Papier origami
Vernis colle
Paire de ciseaux
Cutter
Pinceau plat
Planche à découper

1/ Boîte en métal

Détriplez 2 ou 3 serviettes « bayadère ». Mesurez la longueur de la boîte en comptabilisant les rebords et reportez les dimensions sur les serviettes.
Découpez les formes ajustées puis encollez-les à même la boîte.
Veillez à ne pas recouvrir la partie supérieure de la boîte qui va supporter le couvercle.
Repassez 1 à 2 couches de vernis colle pour uniformiser et protéger l'objet.

2/ Pot à crayons

Recouvrez l'ensemble du pot en verre de papier de soie rose fuchsia.
Détourez dans les serviettes « poupées russes » 2 à 4 silhouettes avec une paire de ciseaux, ainsi qu'une dizaine de fleurs dans le papier origami.
Composez à votre gré avec ces éléments.
Puis encollez-les à même le pot en verre.
Repassez 1 à 2 couches de vernis colle pour uniformiser et protéger l'objet.

3/Carnets de notes

Marouflez les carnets de notes de serviettes en papier « bayadère ». Puis détourez dans les serviettes « poupées russes » 3 à 5 silhouettes avec une paire de ciseaux, ainsi qu'une dizaine de fleurs dans le papier origami.
Composez à votre gré avec ces éléments sur une bande de 8 cm de large sur la partie droite du dessus du carnet.
Repassez 1 à 2 couches de vernis colle pour uniformiser et protéger l'objet.

la boule à sucre

matériel

Boule à sucre
Serviettes en papier
à motifs dorés sur fond blanc
Papier sulfurisé
Vernis colle
Paire de ciseaux
Scotch repositionnable
Cutter
Pinceau plat
Coton-tige

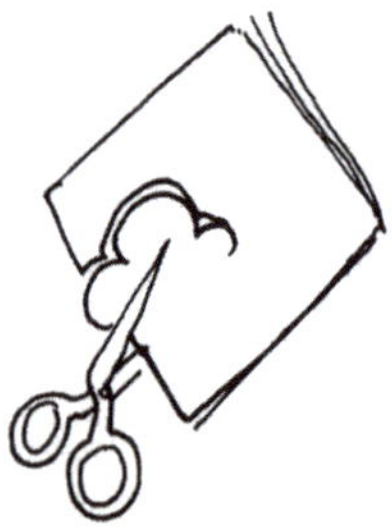

1/ À l'aide d'une paire de ciseaux, découpez délicatement les fleurs dans la serviette en papier doré, puis détriplez-les une à une.

2/ Composez ensuite les éléments sur la boule à sucre en les plaçant avec du scotch repositionnable.

3/ Afin de poursuivre ce projet dans de bonnes conditions, installez-vous sur du papier sulfurisé. Appliquez le vernis colle à l'aide d'un pinceau plat sur le verso de chaque fleur. Positionnez-les délicatement une à une sur le sucrier pour obtenir le motif désiré.

4/ Avant que le vernis colle ne soit totalement sec, enlevez le surplus de colle avec un coton-tige humide.

5/ Enduisez l'ensemble de 1 à 2 couches de vernis colle pour unifier l'objet ainsi obtenu.

l'abat-jour

matériel

Abat-jour argenté
Gravures
Vernis colle
Paire de ciseaux
Cutter
Pinceau plat
Calculatrice
Scotch repositionnable
Papier sulfurisé

1/ Sélectionnez les gravures que vous souhaitez utiliser. Faites des photocopies à l'échelle. Choisissez des formes facilement détourables aux ciseaux. Évitez donc les brins d'herbes et les cheveux. Pour calculer la taille des éléments que vous allez photocopier, appliquez la formule magique :
« Ce que je veux, divisé par ce que j'ai. »

2/ Découpez soigneusement les formes à l'aide d'une paire de ciseaux.

3/ Composez les éléments sur l'abat-jour en les plaçant avec du scotch repositionnable.

4/ Appliquez le vernis colle à l'aide d'un pinceau plat sur le verso de chaque élément. Positionnez-les délicatement un à un pour obtenir le motif ou la narration désirée.

5/ Si vous le souhaitez, vous pouvez recouvrir l'ensemble de l'abat-jour de deux couches de vernis colle afin d'unifier l'objet et de le solidifier. L'objet deviendra brillant.

les coussins

matériel

2 oreillers basiques en toile à matelas
1 ou 2 serviettes en papier
Règle
Compas
Crayon à papier
Paire de ciseaux
Vernis colle spécial textile
Large brosse à poils souples

1/ Au compas, tracez sur l'envers de la serviette dépliée plusieurs ronds de tailles différentes ainsi qu'une bande plus ou moins large (sa longueur devant correspondre à la largeur du coussin).

2/ Découpez puis détriplez les motifs.

3/ Posez-les sur les coussins aux endroits choisis pour marquer légèrement les contours au crayon.

4/ Remplissez l'intérieur de ces contours au vernis colle textile.

5/ Repositionnez les motifs aux endroits marqués puis lissez-les au pinceau en les recouvrant d'une dernière couche de colle.
Laissez sécher.

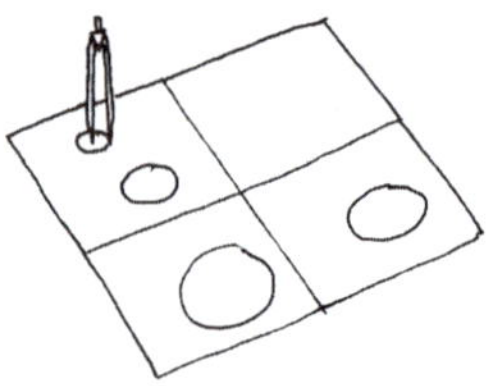

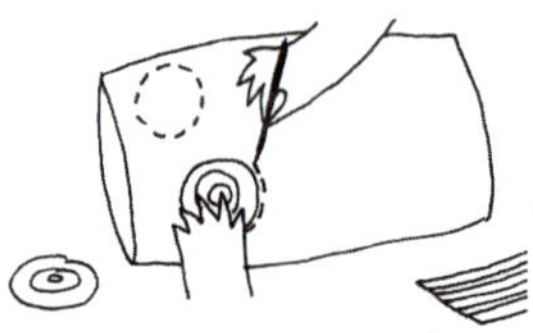

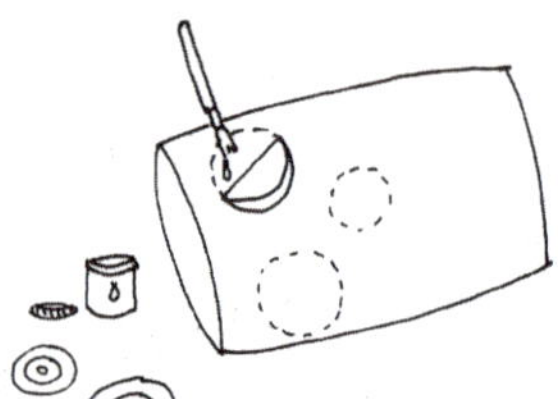

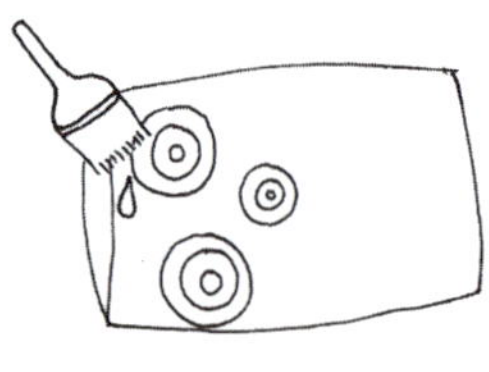

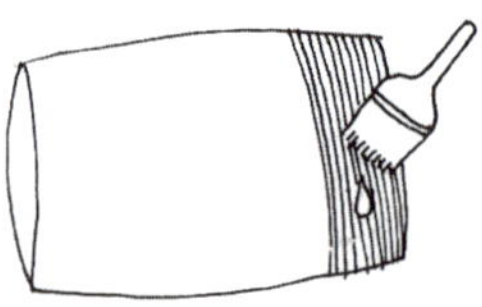

les cadres

matériel

Carton plume
Serviettes en papier aux décors floraux noirs et blancs
Vernis colle
Cutter
Règle
Pinceau plat
Planche à découper
Ecacto

1/ Découpez dans du carton plume trois formats carrés de 18 x 18 cm.

2/ Détriplez plusieurs serviettes en papier puis appliquez-les sur les carrés de carton plume. Pour cela, enduisez les serviettes ainsi que le carton plume de vernis colle à l'aide d'un pinceau plat.

3/ Laissez sécher plusieurs heures, avant d'enlever le surplus de papier qui dépasse des cadres. Évidez ensuite le centre de chacun d'entre eux en découpant à l'aide d'un exacto un carré de 8 x 8 cm.

4/ Cette «fenêtre» de 8 x 8 cm constitue l'espace réservé à votre photographie. Fixez-la avec du scotch au dos du cadre.

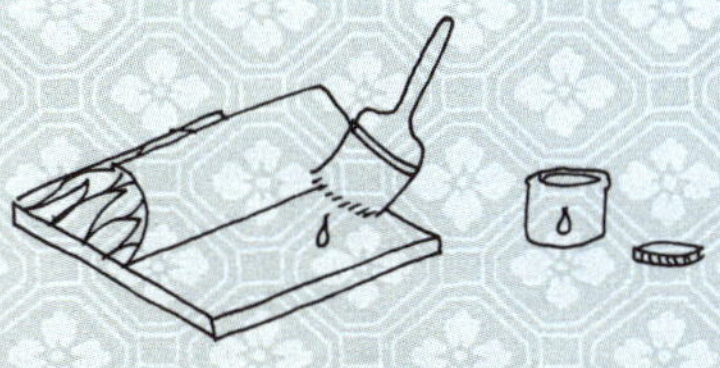

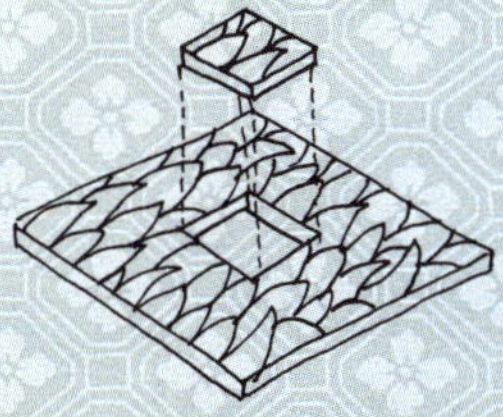

la lampe à poser

matériel

La base d'une lampe (socle et ampoule)
1 morceau de feuille de polyphane (papier adhésif spécial abat-jour)
1 feuille de papier fantaisie à petits motifs de même dimension
Du ruban (ici, croquet en cuir)
Règle
Crayon à papier
Paire de ciseaux
1 tube de colle forte multi-usage

1/ Déterminez la taille du rectangle qui formera l'abat-jour (ici, on se base sur 40 cm de large et 25 cm de haut).

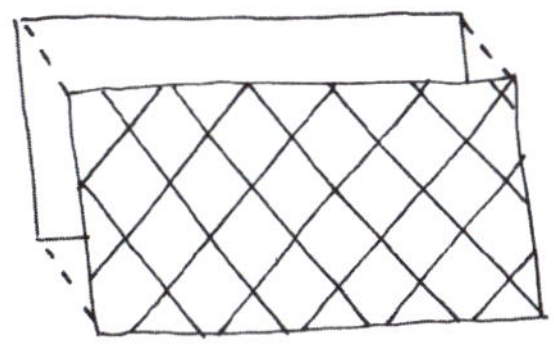

2/ Sur l'envers du papier fantaisie, tracez le rectangle (on ajoute 1 cm pour le retour). Découpez-le.

3/ Enlevez le film adhésif de la feuille de polyphane puis appliquez le papier fantaisie dessus en prenant soin de ne pas faire de plis (dos du papier contre face autocollante). Coupez le surplus de polyphane aux ciseaux.

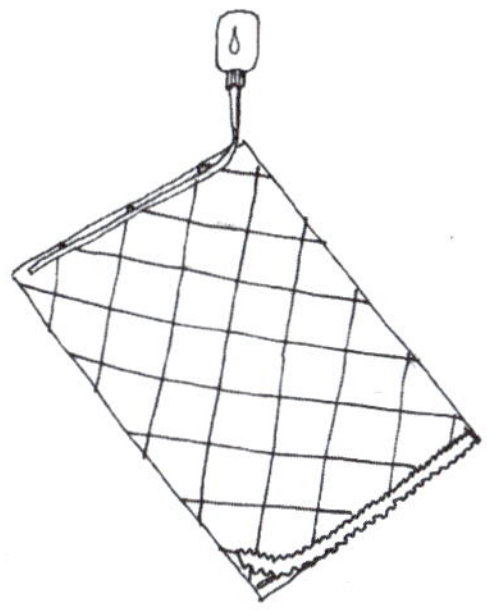

4/ Appliquez sur les 2 longueurs du rectangle, et ce aux extrémités côté motif, un filet de colle forte multi-usage. Appliquez dessus le croquet de cuir préalablement coupé aux dimensions. Pressez puis laissez sécher.

5/ Rejoignez les deux hauteurs de manière à former un tube et assemblez-les sur 1 cm environ à l'aide de la colle. Maintenez-les un moment puis laissez sécher.

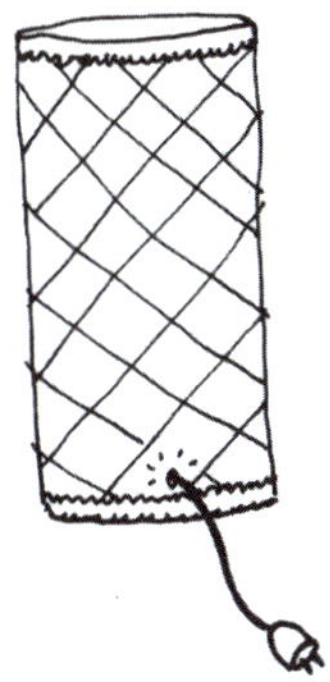

6/ Disposez enfin le tube sur le socle et son ampoule et faites une petite encoche aux ciseaux pour laisser passer le fil.

ELLE

les sets de table

matériel

(Pour un set)

1 serviette en papier
1 morceau de toile de coton blanche ou écrue un peu épaisse (style toile de bâche ou toile à transat)
Compas
Crayon à papier
Paire de ciseaux
Large brosse à poils souples
Vernis colle basique ou spécial textile (le vernis colle, s'il est appliqué généreusement, donne un aspect toile ciré et peut être passé à l'éponge. On peut le considérer comme étant suffisant pour un set. On utilisera le vernis colle spécial textile uniquement si l'on souhaite effectuer un lavage par la suite.)

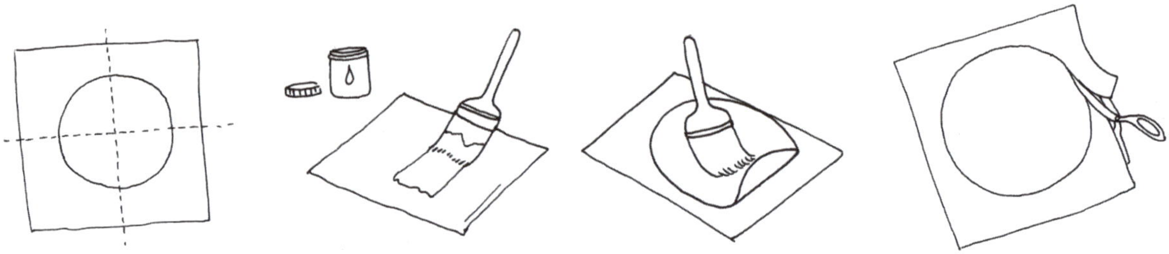

1/ Tracez un cercle au compas sur l'envers de la serviette dépliée (30 cm de diamètre environ).

2/ Découpez-le et détriplez-le.

3/ Au pinceau, enduisez de vernis colle un morceau de toile suffisamment grand pour recevoir la taille du rond découpé.

4/ Appliquez le rond sur la toile puis lissez-le avec la brosse en passant une couche généreuse de vernis colle.

5/ Laissez sécher.

6/ Découpez le restant de toile au ras du rond.

le petit sac rétro

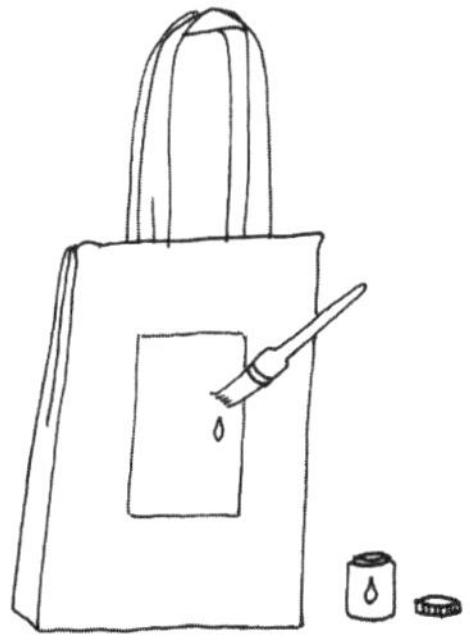

matériel

1 photo sur papier fin type journal
(ici, la couverture d'un journal féminin
chiné sur une brocante)
1 sac en toile basique
Ruban pailleté
1 crayon à papier
1 cutter
1 règle métallique
1 brosse plate à poils souples
Vernis colle basique ou spécial textile
Colle forte multi-usage ou à passementerie

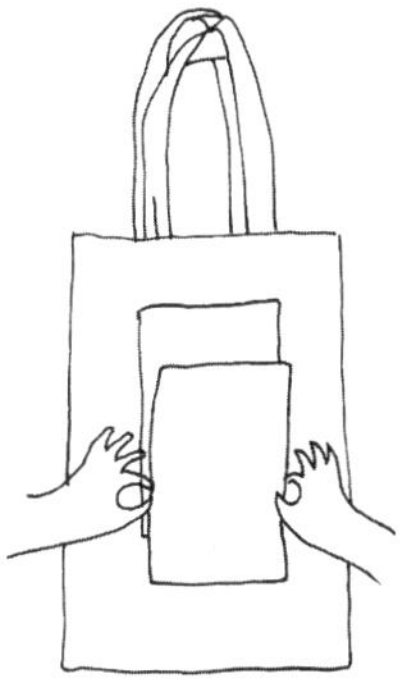

1/ Découpez l'image sélectionnée à l'aide du cutter.

2/ Tracez au centre d'une des faces du sac un rectangle de la même taille prêt à recevoir l'image.

3/ Enduisez la partie tracée de vernis colle.

4/ Appliquez l'image puis enduisez-la de nouveau de vernis colle.

5/ Laissez sécher.

6/ Mesurez le tour de l'image et coupez, dans la même dimension, un morceau de ruban pailleté fantaisie. Appliquez le tout autour de l'image avec la colle forte.

7/ Collez de la même manière sur l'ensemble de l'image quelques paillettes dispersées au hasard que vous aurez préalablement décousues du ruban.

la valise chinée

matériel

Valise chinée
Papier journal
Papier fleuri chinois
Papier sulfurisé
Papier-calque
Papier de soie rouge
Vernis colle
Paire de ciseaux
Cutter
Règle
Pinceau plat
Petites perforatrices
Planche à découper

1/ Découpez des bandes de papier journal d'environ 20 cm de largeur à l'aide d'un cutter. Enduisez-les de vernis colle sur le verso. Encollez également la valise en elle-même pour obtenir une meilleure adhérence.

2/ Marouflez la valise de papier journal, en laissant des parties vierges pour que le contraste s'établisse. Contournez de ce fait les serrureries, les angles… Laissez sécher.

3/ Utilisez le papier-calque pour relever les différentes formes planes de la valise. Notez bien les contours et les angles arrondis pour qu'ils soient évidés. Reportez ces formes une à une sur le verso du papier fleuri. Découpez-les précisément.

4/ Installez-vous sur un morceau de papier sulfurisé pour encoller le papier fleuri. Le vernis colle est appliqué à l'aide d'un pinceau plat au verso de chaque forme, ainsi que sur la valise.

5/ Collez ainsi toutes vos formes. Pour finir, vous pouvez découper du papier de soie à l'aide de petites perforatrices issues du « scrapbooking » et le coller pour créer un rythme.
Repassez 1 à 2 couches de vernis colle afin d'uniformiser l'objet.

les miroirs

matériel

Carton plume
Serviettes en papier rouges à pois blancs
Serviettes en papier noires à pois blancs
Serviettes en papier à fleurs vertes sur fond vert
Serviettes en papier à fleurs orange sur fond orange
Serviettes en papier à fleurs dorées sur fond blanc
3 miroirs de 12 cm de diamètre
Vernis colle
Paire de ciseaux
Exacto
Cutter
Règle
Colle forte
Compas
Planche à découper

1/ Pour réaliser le cercle du plus grand diamètre (19 à 20 cm) : prenez une serviette en papier rouge à pois blancs, gardez-la bien pliée en quatre. Découpez dans l'épaisseur avec une paire de ciseaux un quart de cercle de 2 cm de large.

2/ Pour réaliser le plus petit cercle (15 cm) : faites de même avec une serviette en papier à fleurs dorée sur fond blanc. Découpez un quart de cercle de 1,5 cm de large.

3/ Découpez un carré de carton plume de 22 cm. Marquez très discrètement le centre. Tracez au compas un cercle de 12 cm de diamètre. Evidez-le à l'aide d'un exacto.

4/ Détriplez les deux cercles en papier. Placez ensuite le plus petit cercle enduit de vernis colle autour de ce vide puis le plus grand. Détourez le miroir : tracer un cercle de 20 cm de diamètre au compas pour vous guider dans votre découpe.

5/ Collez un second cercle de 16 cm de diamètre au dos du premier. Il ne vous reste plus qu'à encoller le miroir au centre avec de la colle forte.

6/ Faites de même avec deux autres types de serviettes en papier pour créer une série de trois miroirs. N'hésitez pas à jouer sur les superpositions de motifs et les décalages. Repassez 1 à 2 couches de vernis colle sur le carton plume afin de solidifier les miroirs.

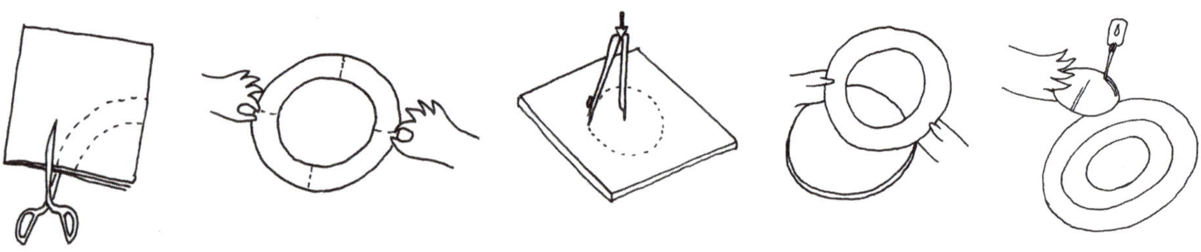

la théière et la serviette de table

matériel

1 théière ou bol en céramique basique
1 serviette de table simple en coton ou lin blanc
1 ou 2 serviettes en papier
1 paire de ciseaux fins
1 crayon à papier
1 brosse à poils souples
Vernis colle spécial textile
Vernis colle spéciale céramique
1 fine lame de cutter

La serviette de table en coton

1/ Découpez le motif choisi dans la serviette.

2/ Détriplez-le.

3/ Posez le motif sur la serviette de table à l'endroit choisi, puis dessinez légèrement son contour au crayon à papier.

4/ Appliquez le vernis colle spécial textile à la brosse à l'intérieur du marquage, reposez le motif à cet endroit précis puis recouvrez-le de vernis colle en le lissant avec la brosse. Laissez sécher.

La théière ou le bol en céramique

La démarche est la même. Utilisez à la place le vernis colle spéciale céramique. Après 4 heures de séchage, grattez les coulures éventuelles avec une fine lame de cutter puis passez l'objet au four traditionnel à 170 °C pendant 30 minutes.

le pichet

matériel

1 pichet en céramique ou en porcelaine
1 verre (suffisamment épais pour résister à la chaleur)
1 napperon en papier
Paire de ciseaux fins
Vernis colle spécial céramique (médium pour porcelaine)
1 petite bombe de peinture (couleur pastel de préférence)
Petite brosse plate à poils souples
Fine lame de cutter

1/ Découpez une forme choisie dans la partie dentelée du napperon de manière que sa taille soit harmonieuse par rapport au pichet.

2/ Bombez-la de peinture sur l'endroit. Laissez sécher.

3/ Appliquez le vernis colle sur l'envers du motif, placer-le sur le pichet centré dans la hauteur puis recouvrez l'ensemble du motif d'une seconde couche de vernis colle, cette fois-ci sur l'endroit en lissant avec la brosse. Laissez sécher environ 4 heures. Grattez les petits débordements éventuels à l'aide d'une fine lame de cutter.

4/ Passez au four (traditionnel) à 170 °C pendant 30 minutes.

5/ Effectuez la même opération sur le verre.

la broche

matériel

Épingle
Serviettes en papier avec un motif « toile de Jouy »
Pinces plates
Anneaux bronze (4)
Carton plume
Vernis colle
Paire de ciseaux
Cutter
Pinceau plat
Planche à découper
Exacto

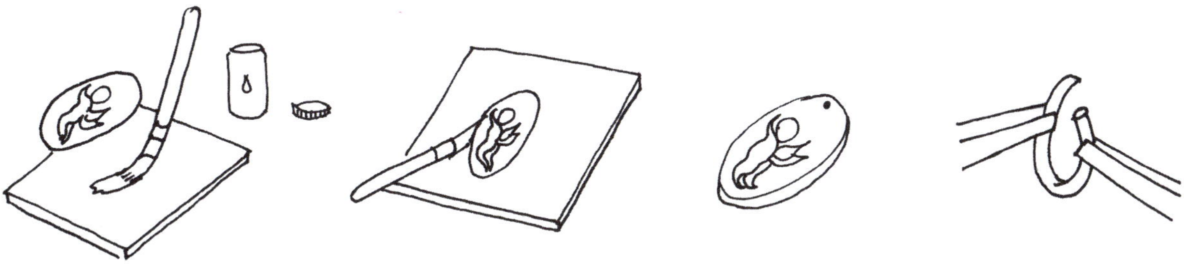

1/ Découpez puis détriplez deux angelots ou un autre motif en médaillon.

2/ Collez-en un des deux sur du carton plume en l'enduisant de vernis colle.

3/ Laissez sécher, puis détourez-le à l'aide d'un exacto.

4/ Sur l'autre face, collez le second angelot en veillant à ce que le dessin soit bien inversé et en repère avec le recto.

5/ Percez un petit trou pour faire passer un anneau imitation bronze.
Pour ouvrir un anneau, utilisez deux pinces plates. Vrillez légèrement l'anneau pour ne pas le déformer. Tirez une partie de l'anneau vers vous et l'autre partie dans la direction opposée.
Insérez l'épingle dans le dernier des anneaux.
Pour fermer l'anneau, procédez de la même manière en utilisant les deux pinces.

6/ Repassez 1 à 2 couches de vernis colle pour uniformiser et protéger l'objet.

Avec des dessins d’enfants, ça marche aussi!

ECOLE

la dînette pour enfant

matériel

Couverts en bois ou en plastique,
assiettes en carton, gamelles en métal, etc.
Papiers divers très colorés : origami,
photocopies couleurs de tissus, papiers cadeaux,
papiers chinois, etc.
Paire de ciseaux
Compas
Colle en bombe
Pinceau
Vernis colle

1/ Coupez plusieurs formes assez librement :
- des bandes de la hauteur d'un mug en fer ;
- des ronds tracés au compas du diamètre du centre d'une assiette ;
- des petits carrés de la largeur du bord d'une assiette ;
- des rectangles de la longueur d'un manche de couvert.

2/ Bombez à la colle toutes ces formes et appliquez-les sur leur support destiné (côte à côte ou bien espacé selon l'effet désiré).

3/ Passez une dernière couche de vernis colle au pinceau sur l'ensemble des objets. Laissez sécher.

le coffre à jouets

matériel

Coffre à jouets
Peinture blanche
Dessins d'enfants
Vernis colle
Cutter
Règle
Pinceau plat
Planche à découper

1/ Peignez le coffre à jouets en blanc. Mesurez-le et notez toutes les dimensions.

2/ Faites des photocopies des dessins d'enfants dont vous voulez vous servir.
Amusez-vous à agrandir un détail ou à multiplier un élément à la photocopieuse couleur.

3/ Cadrez des photocopies à l'intérieur. Puis coupez au cutter à l'aide d'une règle des bandes de papier de dessins d'enfants.

4/ Encollez avec un pinceau plat et du vernis colle le dessus du couvercle du coffre à jouets.

5/ Plongez le ou les dessins dans de l'eau pour qu'ils s'assouplissent.
Égouttez-les avant de les enduire de vernis colle et de les appliquer sur le coffre.
Repassez 1 à 2 couches de vernis colle pour uniformiser l'objet.

6/ Faites de même avec les surfaces latérales.

les boîtes en métal

matériel

Boîte en métal
Dessins d'enfants
Vernis colle
Cutter
Compas
Règle
Pinceau plat
Planche à découper

1/ Faites une sélection parmi les dessins d'enfants que vous avez réunis.
Pour ce projet, tous les dessins ont été réalisés sur du papier à petits carreaux.

2/ Mesurez la hauteur de la partie plate à recouvrir sans comptabiliser le couvercle.

3/ Coupez au cutter et à l'aide d'une règle des bandes de papier de cette même hauteur dans les dessins d'enfants.

4/ Encollez la boîte en métal ainsi que les bandes de papier à l'aide du vernis colle et d'un pinceau plat.

5/ Pour le couvercle :
Mesurez le diamètre du couvercle en métal.
Reportez ensuite à l'aide d'un compas ce même diamètre sur le dessin.
Découpez-le puis enduisez-le de vernis colle.
Il ne reste plus qu'à couper et à coller une fine bande de dessins d'enfants sur la partie plane du couvercle pour recouvrir intégralement la boîte.
Repassez 1 à 2 couches de vernis colle pour uniformiser et protéger l'objet.

tiphaine

la suspension pour manteaux

matériel

Planche de médium de 2 cm d'épaisseur 45 x 13 cm
Papier de soie à fleurs
3 supports de portemanteau en métal et en céramique
Visseuse
Vis
Dessins d'enfants
Vernis colle
Cutter
Règle
Paire de ciseaux
Pinceau plat
Planche à découper

1/ Découpez une bande de papier de soie de 60 x 25 cm.

2/ Enduisez le médium de vernis colle à l'aide d'un pinceau plat.
Faites de même sur le papier de soie à fleurs.
Appliquez-le délicatement sur le médium.

3/ Laissez sécher puis placez les supports de portemanteau avec la visseuse.

4/ Découpez les dessins d'enfants et appliquez-les à votre guise en les ayant préalablement recouverts de vernis colle.

5/ Repassez 1 à 2 couches de vernis colle pour uniformiser l'objet.

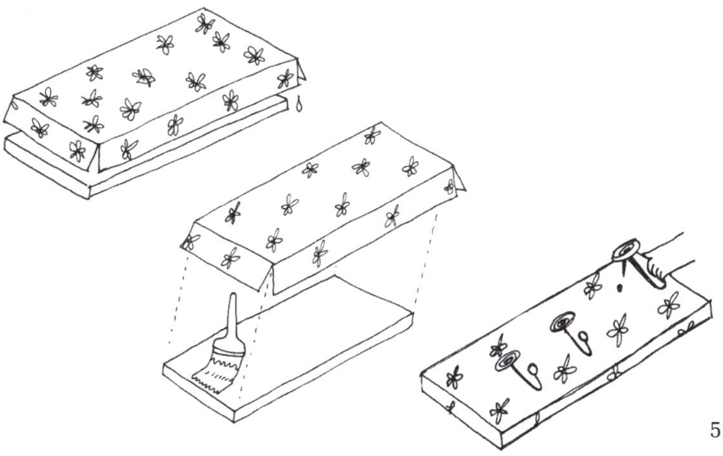

un Noël poudré

les assiettes

matériel

Pour une assiette :

1 assiette basique en verre transparente (pyrex)
1 serviette en papier
Paire de ciseaux
Brosse large à poils souples
Vernis colle spécial céramique
1 tube de peinture acrylique blanche (accessoire)

1/ Détriplez la serviette.

2/ Retournez l'assiette et enduisez-la de vernis colle.

3/ Appliquez la serviette (le côté imprimé de la serviette contre l'assiette), lissez-la avec la brosse en passant de nouveau une fine couche de vernis colle. Laissez sécher.

4/ Découpez aux ciseaux toute la partie libre de la serviette qui n'adhère pas à l'assiette.

5/ En raison de la transparence de l'assiette, l'imprimé peut avoir tendance à disparaître. Passez alors une couche de peinture acrylique blanche, il réapparaîtra instantanément. Laissez sécher.

6/ Passez une dernière couche de vernis colle sur l'acrylique. Laissez sécher (4 heures environ) puis passez l'assiette au four traditionnel 30 minutes à 170 °C.

les bougies

matériel

Bougie blanche de 20 cm de haut
Bougie blanche de 15 cm de haut
Serviettes en papier aux décors argentés
Serviettes en papier aux décors dorés
Vernis colle spéciale bougie
Paire de ciseaux
Cutter
Règle
Pinceau plat
Planche à découper

1/ Détriplez 1 serviette argentée et 1 serviette dorée.

2/ Coupez une bande de 13 cm de hauteur dans la serviette dorée et une bande de 10 cm de hauteur dans la serviette argentée.

3/ Appliquez au pinceau plat le vernis colle spéciale bougie sur la bougie et sur la bande de papier.
Collez la bande de serviette en papier doré de 13 cm sur la bougie de 20 cm de haut, et la bande de serviette en papier argenté de 10 cm sur la bougie de 15 cm de haut.

4/ Repassez 1 à 2 couches de vernis colle spéciale bougie sur l'ensemble.

les flocons de neige

matériel

Carton plume
Serviettes en papier aux décors de Noël
Crayon à papier
Cutter
Exacto
Vernis colle
Pinceau plat
Planche à découper

1/ Faites des photocopies noir et blanc de l'étoile qui vous est fournie page 62.

2/ Découpez l'étoile au cutter.

3/ Détachez un carré de carton plume de la hauteur du flocon de neige. Recouvrez le verso du flocon de neige de serviettes en papier préalablement détriplées et de vernis colle.

4/ Laissez sécher plusieurs heures, puis recouvrez le recto du flocon de neige de serviettes en papier enduit de vernis colle.

5/ Après un long séchage, détourez soigneusement le flocon de neige à l'aide d'un exacto. Repassez 1 à 2 couches de vernis colle pour uniformiser et protéger ces décorations de Noël.

le sapin

matériel

Carton plume
Serviettes en papier à pois dorés sur fond blanc
Crayon à papier
Cutter
Vernis colle
Pinceau plat
Planche à découper
Exacto

1/ Faites des photocopies noir et blanc du sapin qui vous est fourni page 63.

2/ Découpez-le au cutter.

3/ Détachez deux rectangles de même format de la hauteur du sapin dans le carton plume. Recouvrez le verso du sapin de serviettes en papier préalablement détriplées et de vernis colle.

4/ Laissez sécher plusieurs heures, puis recouvrez le recto du sapin de serviettes en papier enduit de vernis colle. Faites de même sur le second.

5/ Après un long séchage, détourez soigneusement les deux sapins à l'aide d'un exacto. Entaillez-les pour pouvoir les assembler. Repassez 1 à 2 couches de vernis colle afin d'uniformiser et de protéger l'objet.

les boules de Noël

matériel

Boules blanches en polystyrène (de plusieurs tailles éventuellement)
Plusieurs serviettes en papier à petits motifs de préférence
Paire de ciseaux
Brosse à poils souples
Vernis colle

1/ Découpez des petites formes choisies sur les serviettes en papier pour faciliter ensuite leur application (bandelettes, petites pastilles, petits carrés...).

2/ Détriplez-les.

3/ Posez-les sur la boule en les maintenant d'un doigt puis collez-les au pinceau en les recouvrant de vernis colle. Laissez sécher.

4/ Une fois la boule terminée, passez une seconde couche de vernis colle pour l'unifier d'un aspect satiné.

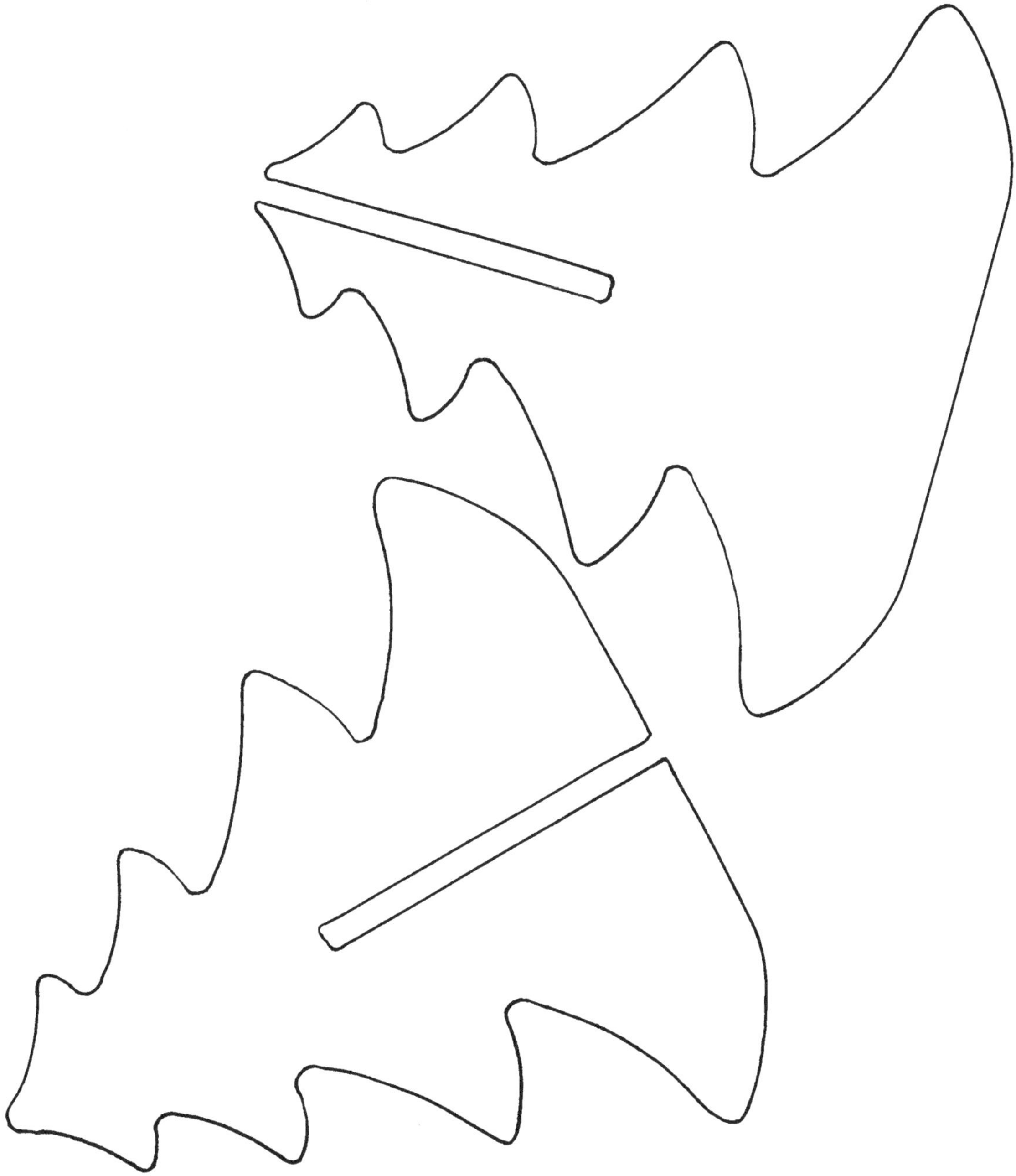

Un grand merci aux éditeurs Sandberg et Nobilis pour les papiers peints ainsi qu'à la boutique "Au fil des couleurs".

SHOPPING

BHV : boules p. 56 et 57.

CSAO : fauteuil p. 17.

Forge de Laguiole : couteau p. 18, 56 et 57.

Galeries Lafayette : boule à sucre p. 23, serviettes en papier p. 27.

Habitat : abat jour p. 25, guirlande p. 27, 56 et 57, table de nuit du designer Anna Castelli p. 30, serviettes en papier p. 6, 59, 60.

Ikéa : pied de lampe p. 25, coffre à jouets p. 51.

Le bon marché : papier p. 30 et 31, serviettes en papier p. 6, 14, 15, 26, 28, 32, 34, 38, 39, 41, 56, 57, 59, 60.

Le boudoir et sa philosophie : serviettes en papier p. 6, 43 et 45.

Le printemps : serviettes en papier p. 13, 22, 38.

Les touristes : nappe p. 10, papiers imprimés p. 16,17, 37.

LSA : verre p. 42.

Monoprix : bols et cuillères p. 32, serviettes en papier p. 19.

Muji : le carnet de note p. 19.

Nobilis : papier peint p. 14, 20, 28, 34, 40.

Osborne & Little : papier peint p. 37.

Pan : lampe lapin du designer Egmont Toys p. 53.

Silvera : canapé du designer Zanotta p. 25, 26 et 27.

Tang frères : boîtes en métal p. 19 et 53.

CARNET D'ADRESSES

Au fil des couleurs : 31, rue de l'Abbé Grégoire 75006 Paris (01 45 44 74 00)

BHV : www.bhv.fr

CSAO : 1 et 3, rue Elzévir 75003 Paris (01 44 54 55 88)

Forge de Laguiole : 29, rue Boissy d'Anglas 75008 Paris (01 40 06 09 75)

Habitat : 0 800 010 800

Ikéa : www.ikea.fr

Le Bon Marché : 24, rue de Sèvre 75007 Paris

Le boudoir et sa philosophie : 18, rue Charlot 75003 Paris (01 48 04 89 79)

Les Touristes : 17, rue des Blancs manteaux 75004 Paris (01 42 72 10 84)

LSA : 0800 901 696

Monoprix : www.monoprix.fr

Nobilis : 38, rue Bonaparte 75006 Paris (01 43 29 12 71)

Osborne & Little : www.osborneandlittle.com

Pan : 7, rue de Prague 75012 Paris (01 43 47 88 88)

Silvera : 58, avenue Kléber 75116 Paris

Tang frères : 48, avenue d'Ivry 75013 Paris.

Illustrations : Justine Jacquot-Haméon
Graphisme : emigreen.com

ISBN : 2501048229
40.9755.6/01
Dépôt légal 70533/Mai 2006
Achevé d'imprimer en Espagne par Graficas Estella